AF111344

J'ADORE L'AUTOMNE

Shelley Admont
Illustré par Sonal Goyal

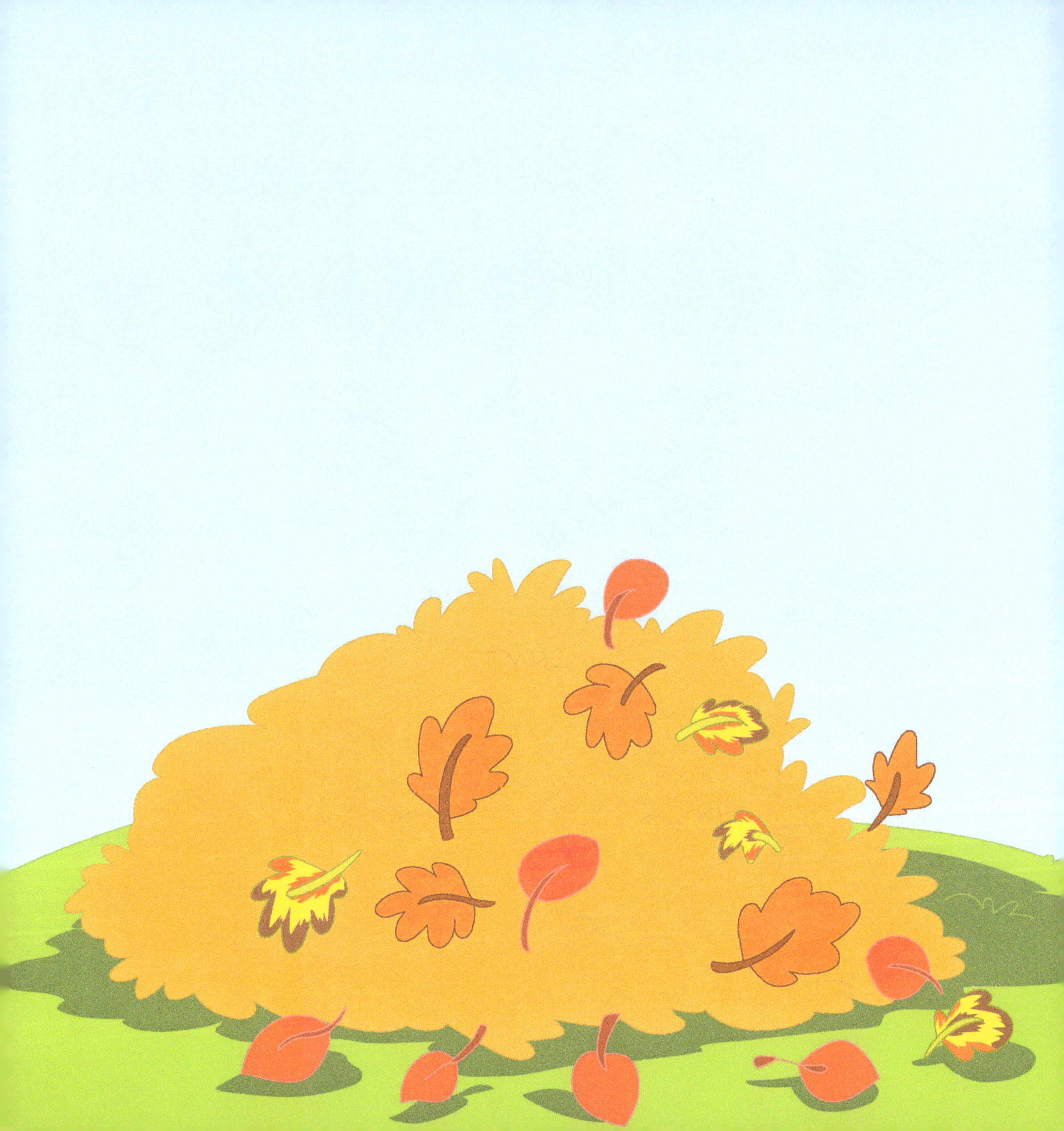

www.kidkiddos.com
Copyright ©2019 by KidKiddos Books Ltd.
support@kidkiddos.com

All rights reserved. No part of this book may be reproduced in any form or by any electronic or mechanical means, including information storage and retrieval systems, without written permission from the publisher, except in the case of a reviewer, who may quote brief passages embodied in critical articles or in a review.

Tous droits réservés. Aucune reproduction de cet ouvrage, même partielle, quelque soit le procédé, impression, photocopie, microfilm ou autre, n'est autorisée sans la permission écrite de l'éditeur.

First edition, 2019

Translated from English by Sophie Troff
Traduit de l'anglais par Sophie Troff
French editing by Laëtitia Eliezer
Révision en français par Laëtitia Eliezer

Library and Archives Canada Cataloguing in Publication
I Love Autumn (French Edition)/ Shelley Admont
ISBN: 978-1-5259-1876-6 paperback
ISBN: 978-1-5259-1877-3 hardcover
ISBN: 978-1-5259-1875-9 eBook

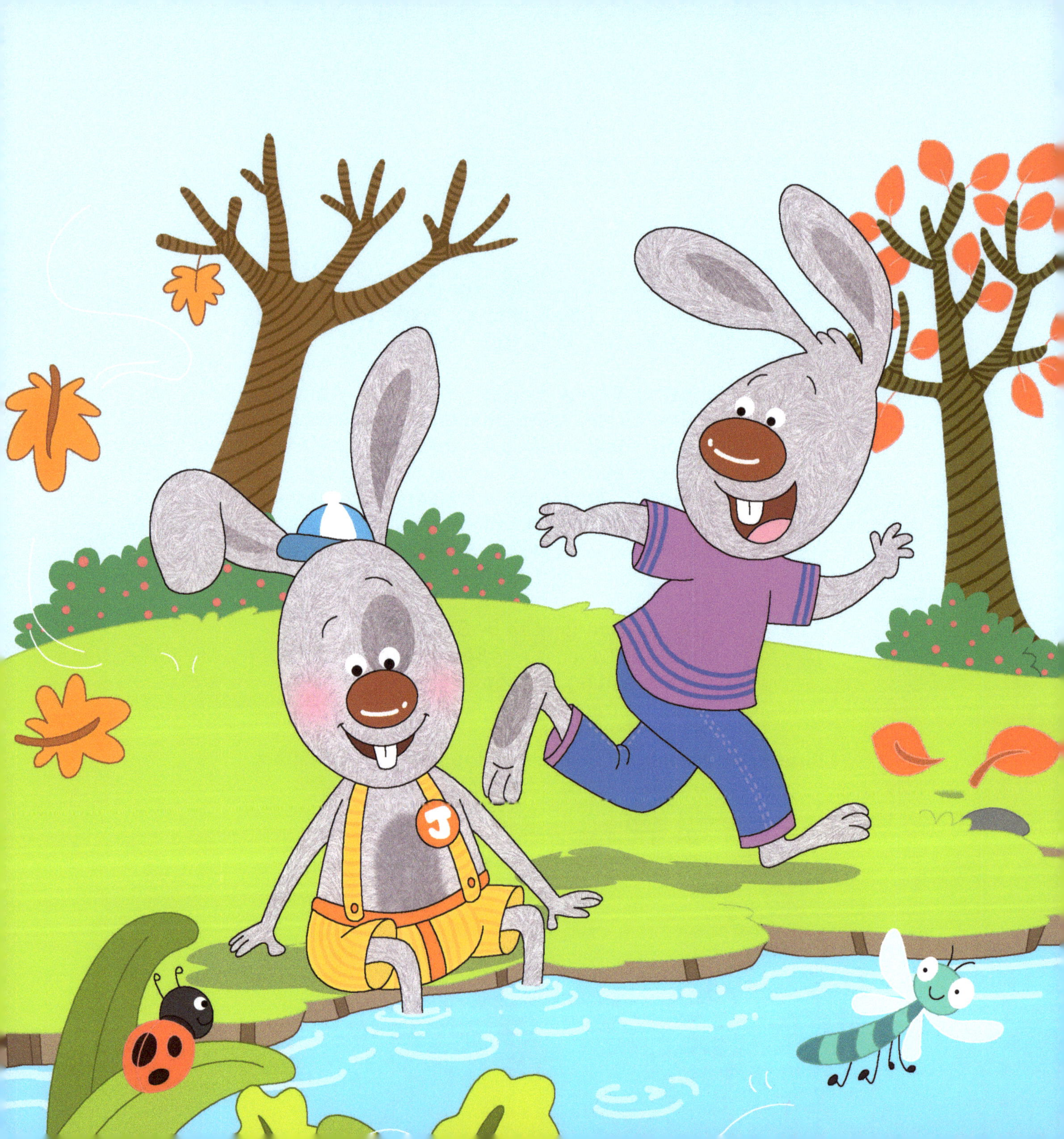
J

Jimmy, le petit lapin, était assis au bord de la rivière.

C'était un après-midi d'automne et la nature autour de lui se parait d'orange, sa couleur préférée.

Il aimait les carottes orange, les couchers de soleil orange et les belles feuilles orange.

– Viens, Jimmy, l'appela son frère aîné. On va jeter des feuilles dans la rivière et voir laquelle ira la plus vite !

– Quelle feuille choisis-tu ? demanda son frère cadet.

– Je vais prendre la grande qui est orange, dit Jimmy en ramassant la feuille par terre.

– La mienne sera rouge, ajouta son frère aîné en prenant une feuille rouge vif.

Le frère cadet regarda autour de lui et ramassa une feuille d'une jolie couleur. Elle était jaune, rouge et marron.

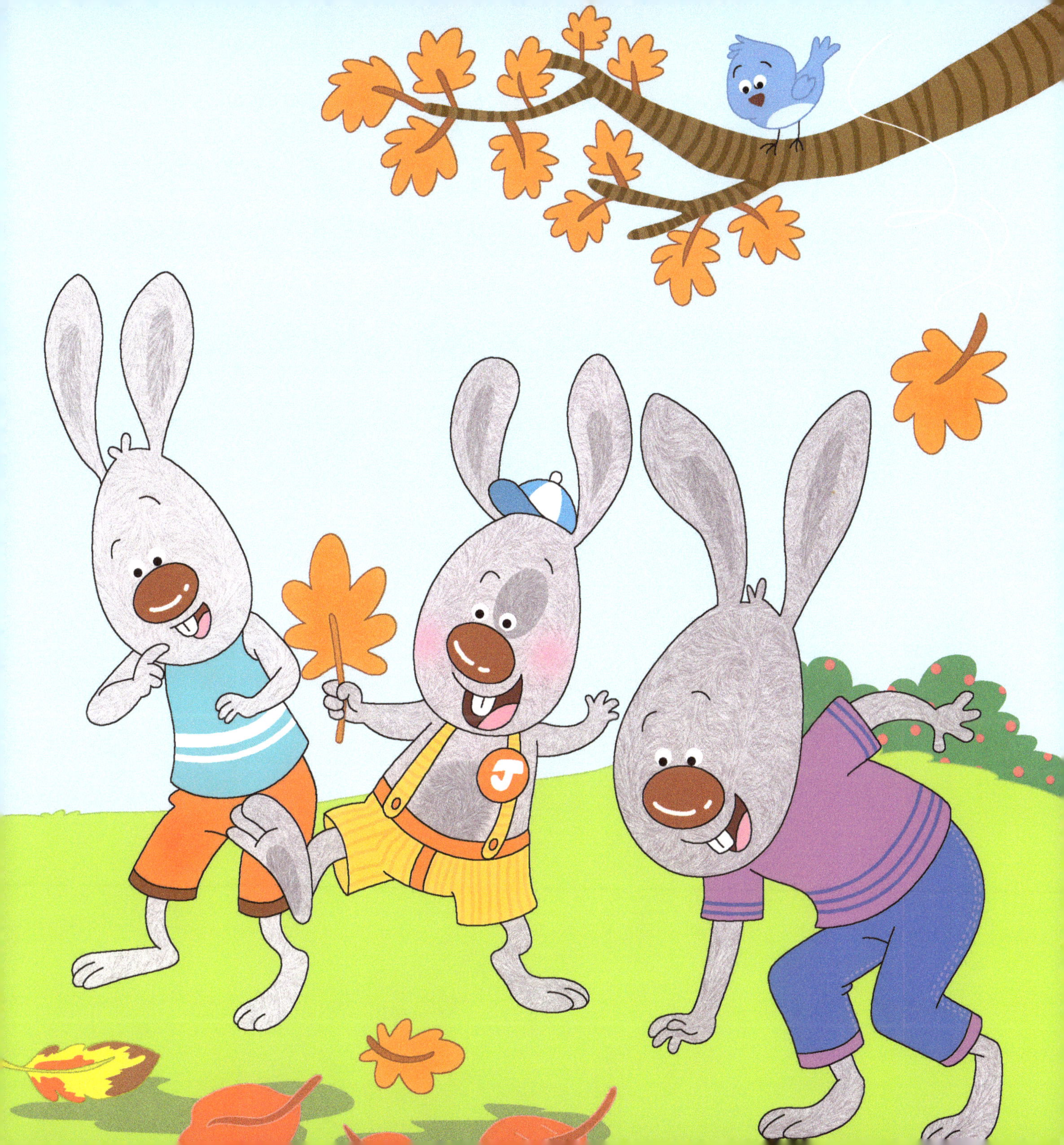

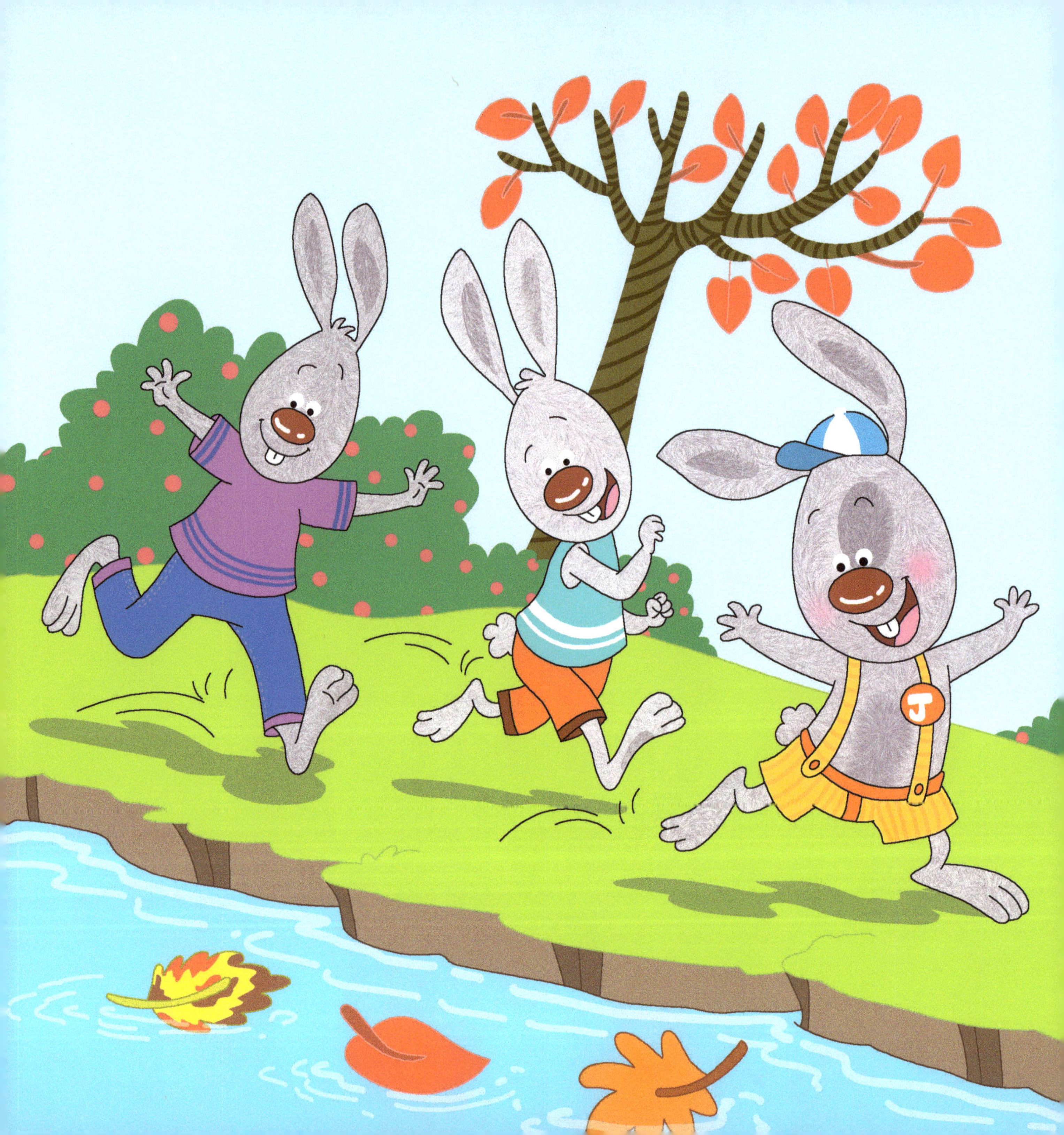
J

– Un, deux, trois... lancez ! s'écria le frère aîné et les trois petits lapins jetèrent leur feuille dans l'eau.

Les feuilles descendirent lentement la rivière, tandis que les frères, heureux, les suivaient le long de la berge.

– Maintenant, faisons un énorme tas de feuilles, suggéra le frère aîné.

– Et on sautera dessus ! s'exclama joyeusement Jimmy.

Oui, il aimait l'automne plus que toute autre saison. Il y avait tellement de choses amusantes à faire.

Ils se mirent à entasser les feuilles. Le frère aîné apporta des feuilles rouges, et le frère cadet ajouta des feuilles jaunes.

Jimmy ramassa toutes les feuilles orange qu'il pouvait trouver et les posa sur le haut du tas.

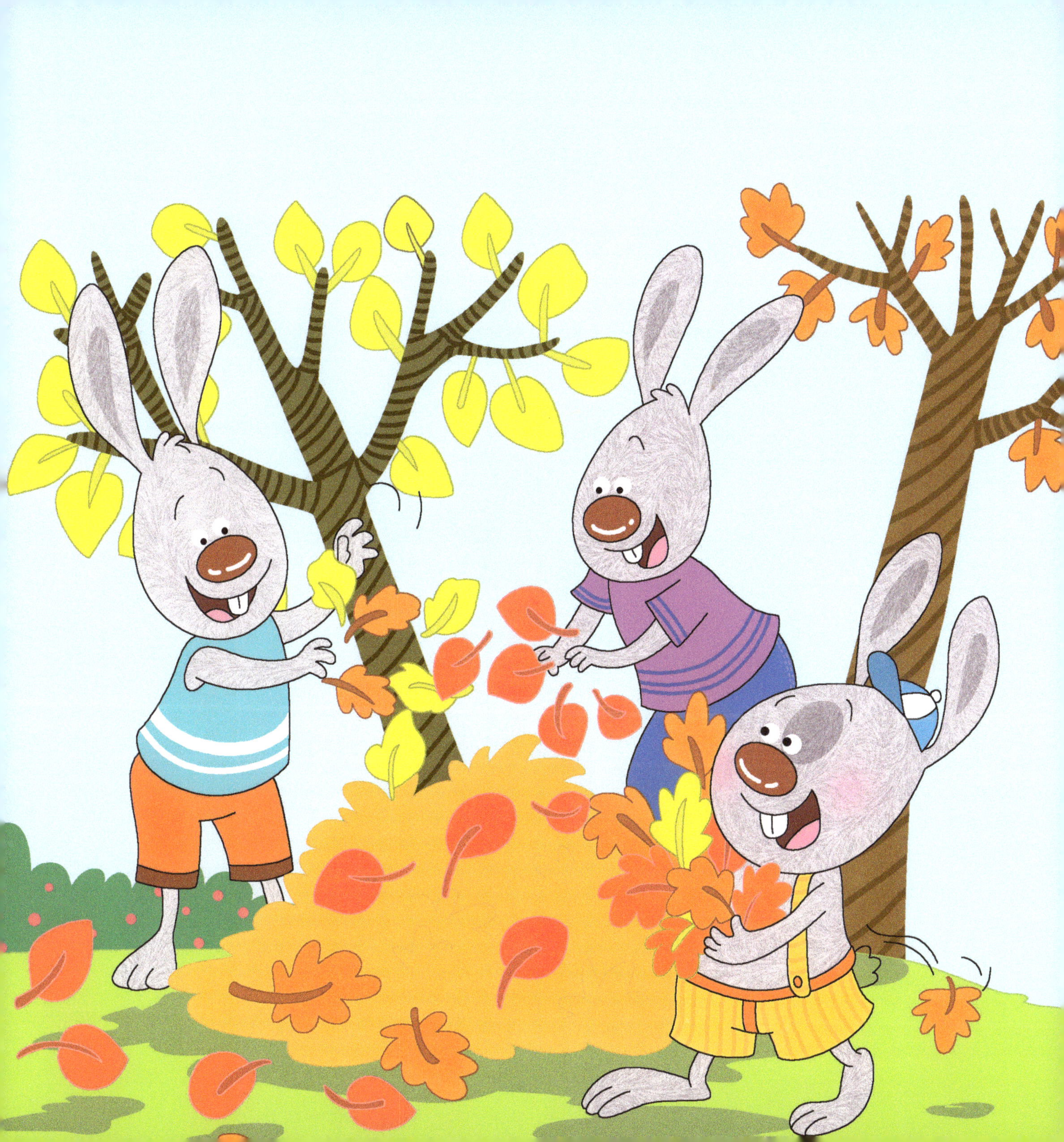

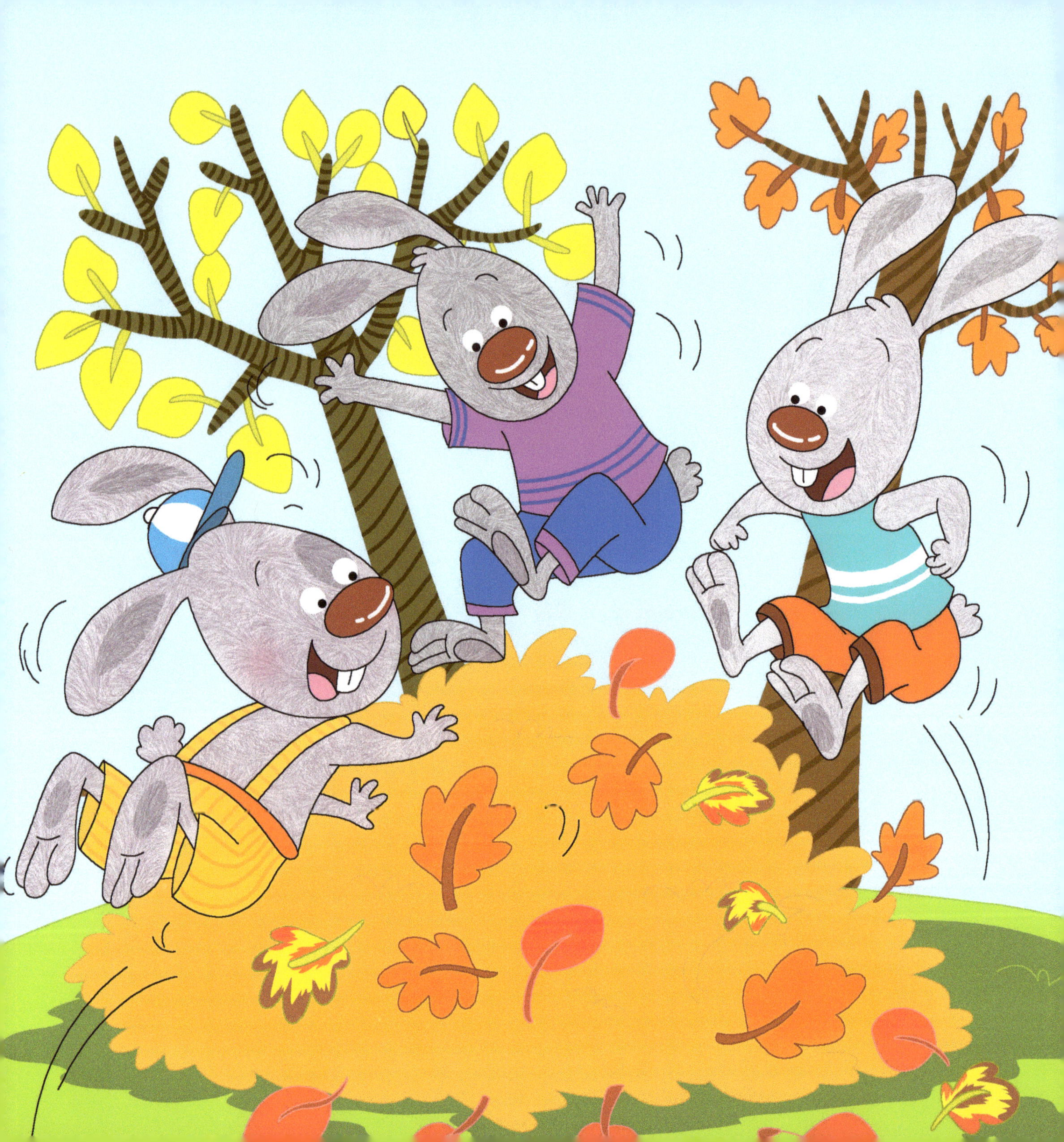

– Un, deux, trois… sautez ! s'écria le frère aîné et les trois petits lapins sautèrent sur le tas.

Ils se roulèrent dans les feuilles et les lancèrent en l'air.

Toutes les feuilles orange, jaunes et rouges volèrent partout.

– J'adore l'odeur des feuilles, sourit Jimmy en s'enfonçant plus profondément dans le tas.

Soudain, le ciel s'assombrit. Une grosse goutte atterrit sur le front de Jimmy.

Le frère aîné regarda le ciel.
– On ferait mieux de rentrer avant d'être trempés, dit-il.

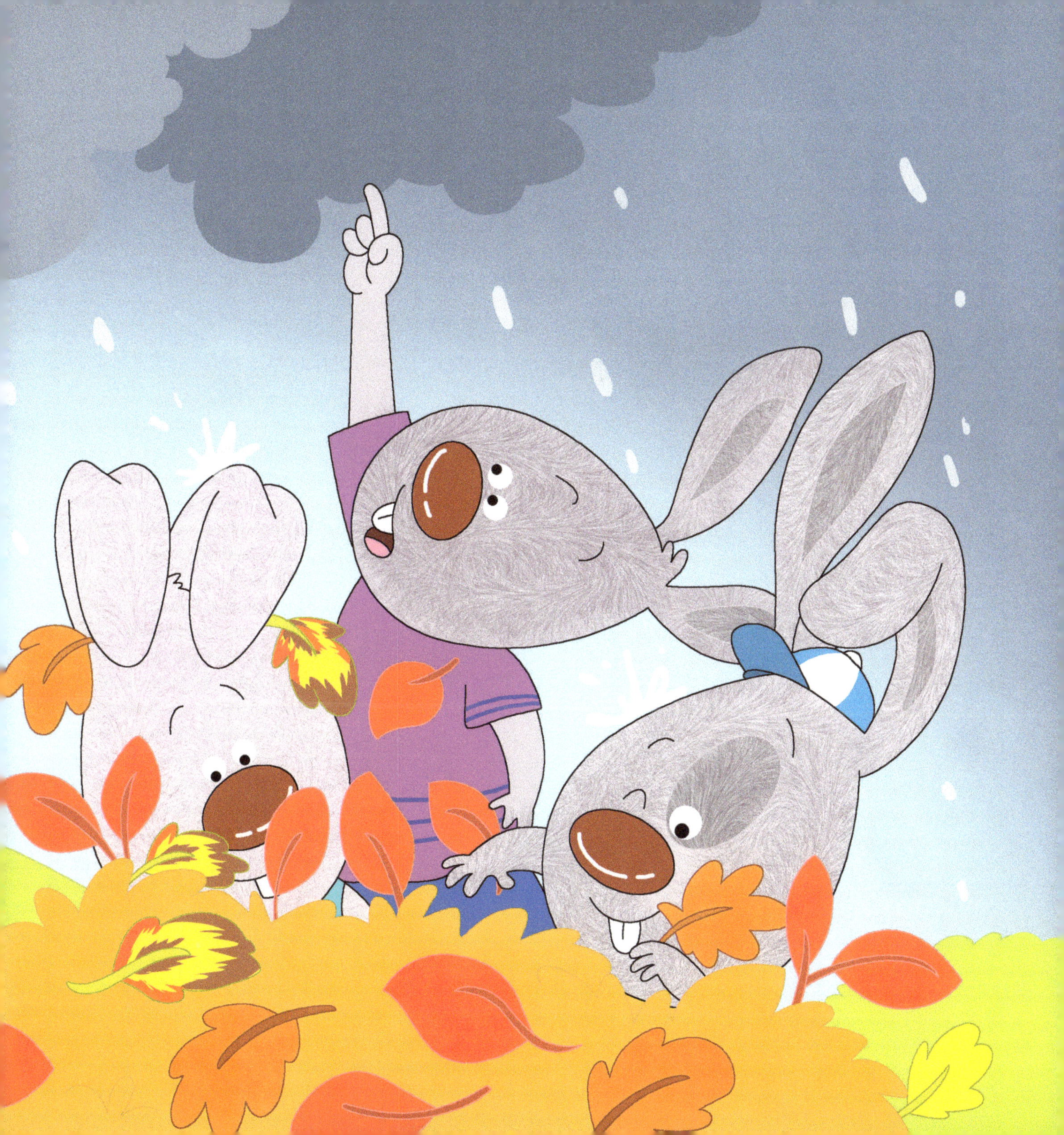

– Un, deux, trois... courez ! cria-t-il et les frères se mirent à cavaler vers la maison.

Jimmy courait lui aussi, mais il s'arrêta quand il vit les feuilles colorées sur le sol. Il se mit à les ramasser.

– Allons-y, Jimmy ! Il pleut ! Qu'est-ce que tu fais là? demanda le frère aîné.

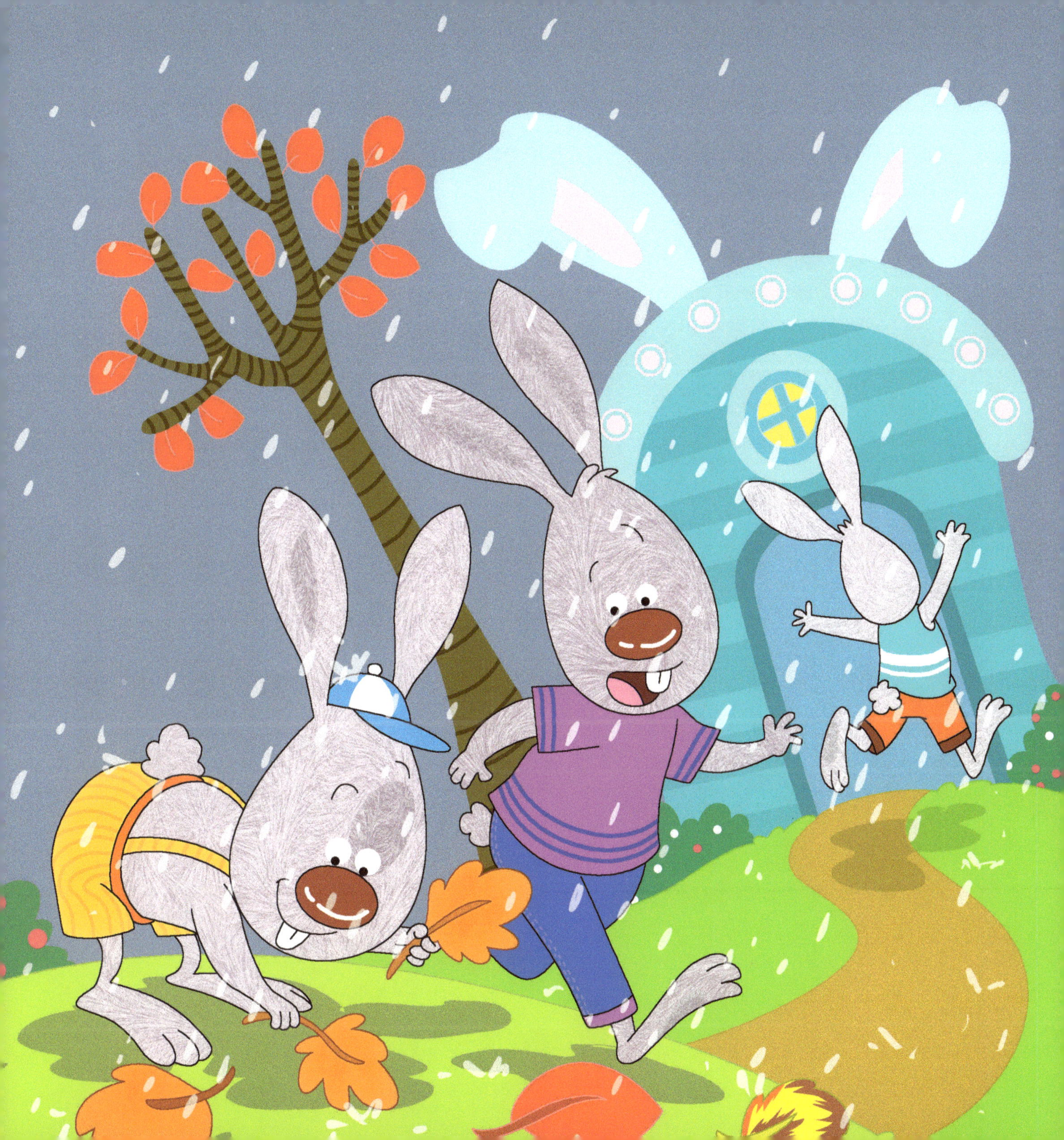

– Je ramasse des jolies feuilles pour maman, répondit Jimmy. J'arrive.

Au moment où les deux grands frères se précipitèrent dans la maison, une grosse pluie se mit à tomber. Jimmy était encore dehors, en train de ramasser des feuilles.

Il était trempé du bout des oreilles au bout des orteils. Même sa petite queue était mouillée, mais ça ne le dérangeait pas.

Il avait de jolies feuilles pour maman plein les mains et ça le rendait heureux.

– Maman ! Maman ! s'écria-t-il excité en entrant dans la maison.

Maman était assise sur le canapé du salon.

– Elles sont pour toi ! s'exclama Jimmy en sautillant dans la pièce, laissant des flaques d'eau sur le sol.

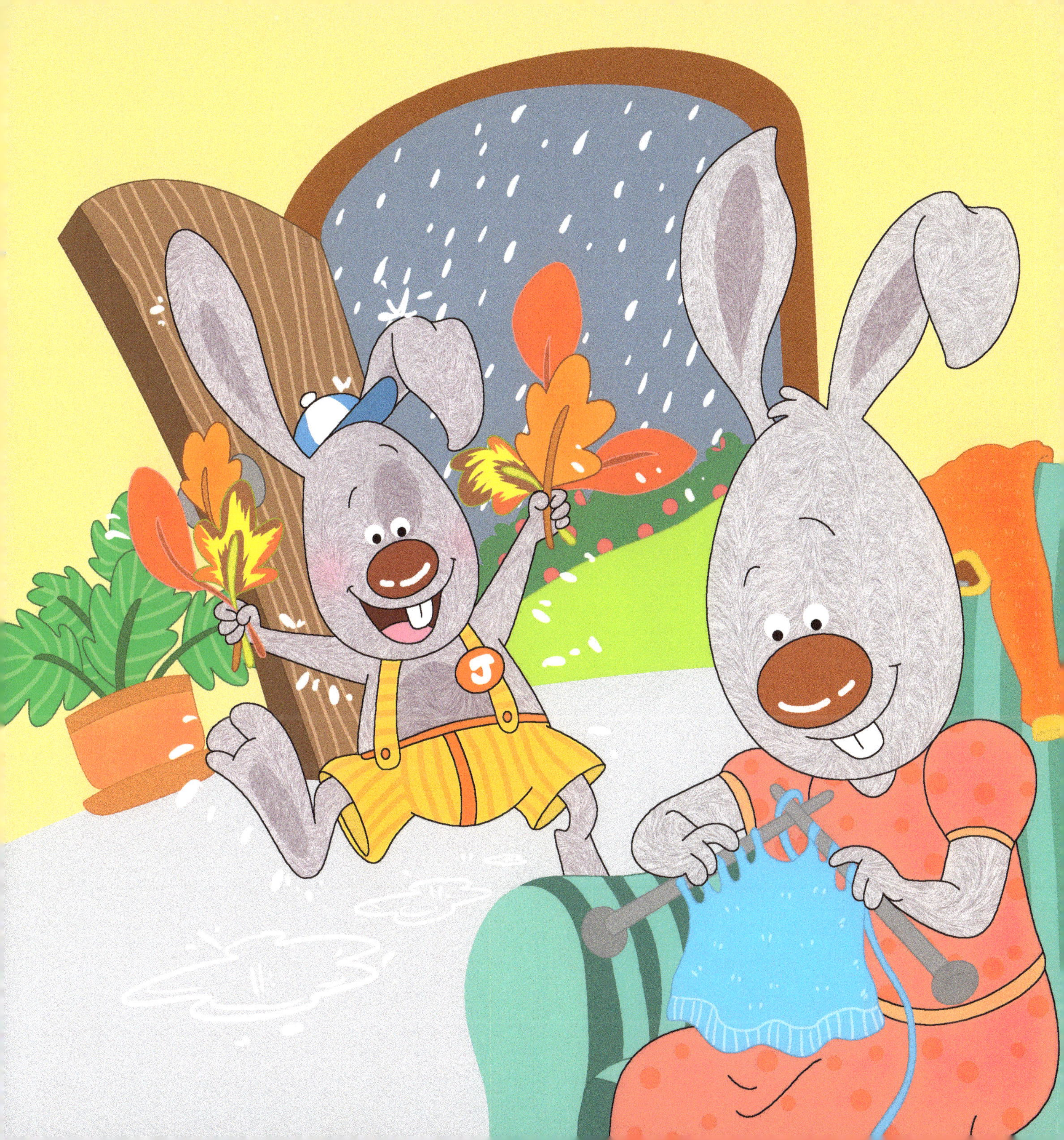
J

– Oh, mon chéri ! Merci ! Elles sont très jolies, dit maman.

– Mais tu n'as pas froid, Jimmy ? Regarde tes oreilles, elles sont toutes mouillées, et ta queue aussi !

– Je n'ai pas... atchoum ! éternua bruyamment Jimmy.

– À tes souhaits ! dit maman. Je pense que tu devrais enlever tes vêtements mouillés et enfiler ce pull chaud orange que j'ai tricoté pour toi. Les soirées sont fraîches maintenant.

Jimmy enfila son nouveau pull orange. Son frère cadet reçut un nouveau pull vert et son frère aîné un pull bleu.

Bientôt, toute la famille se rassembla au salon et regarda la pluie tomber par la grande fenêtre.

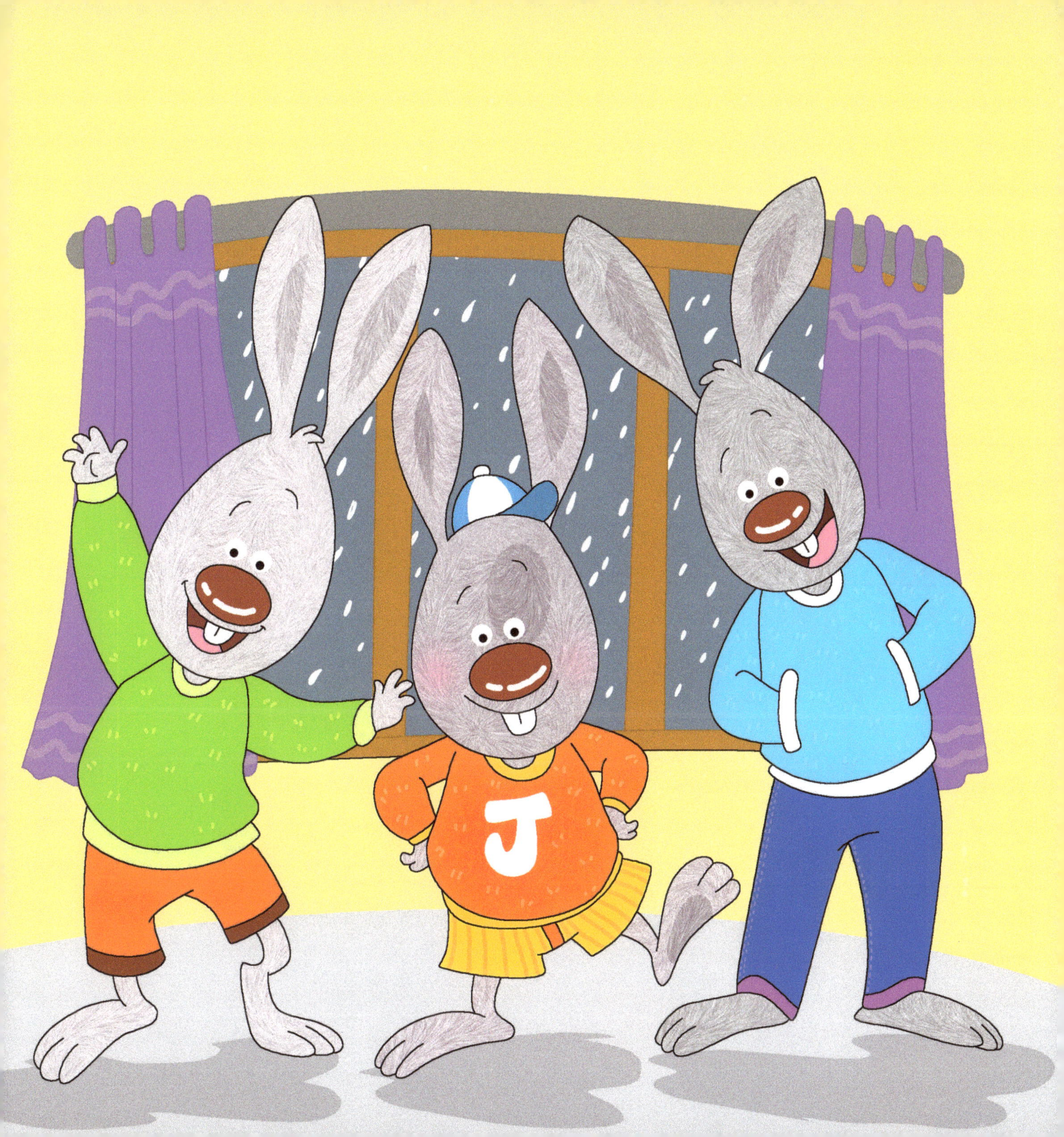

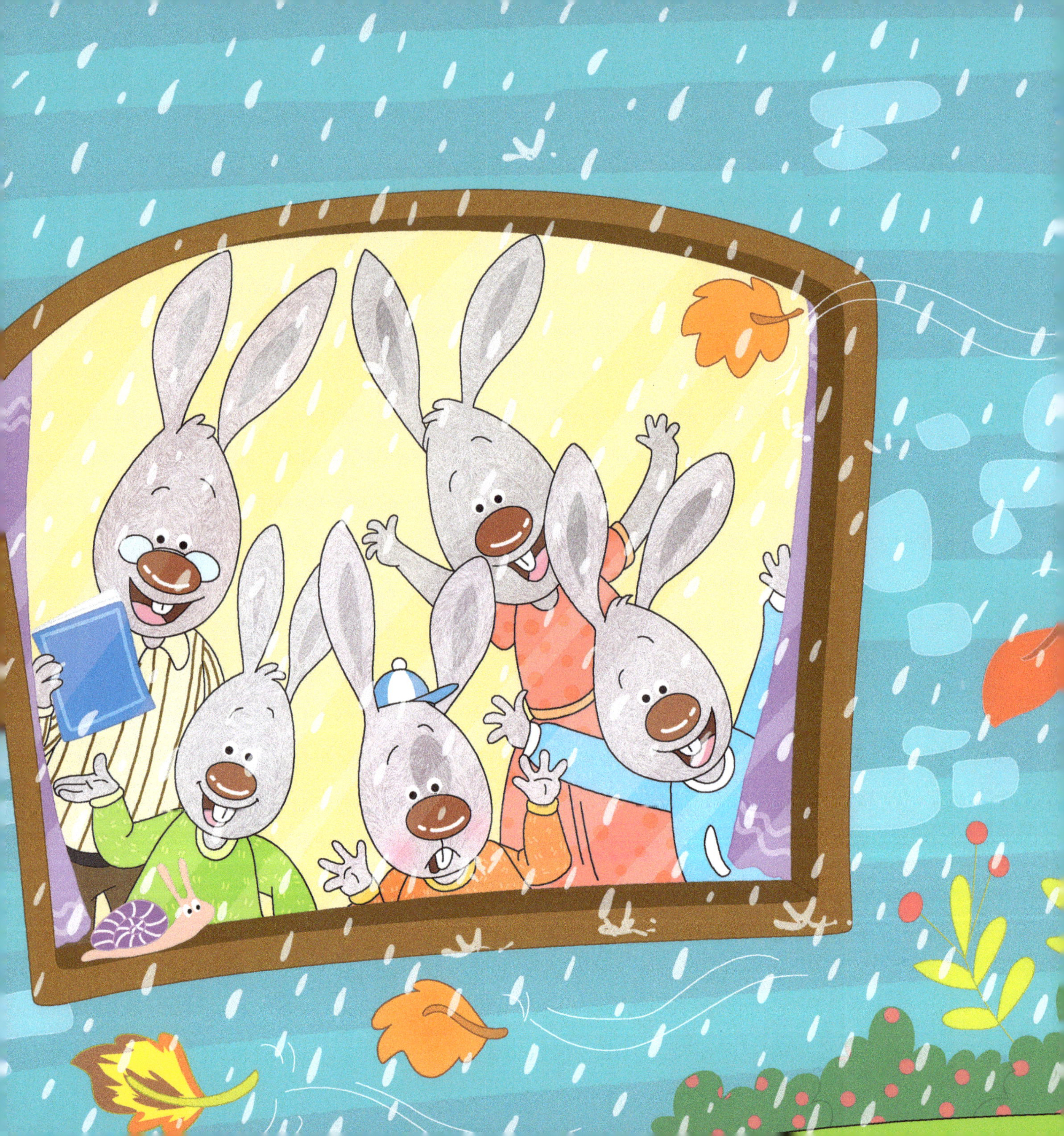

– C'est trop triste, dit Jimmy en voyant les feuilles mouillées virevolter au vent. Maintenant, on ne peut plus jouer dehors. Qu'est-ce qu'on va faire ?

– On peut faire une délicieuse tarte aux pommes ensemble, proposa maman.

– Ou on peut lire un livre, ajouta papa.

– Je préférerais faire un puzzle, dit le frère cadet.

Le frère aîné réfléchit un moment.
– Et si on faisait tout ça ? s'exclama-t-il.

– C'est une idée merveilleuse, dit maman en hochant la tête. Commençons par la tarte aux pommes. Je vais prendre mon livre de recettes.

Ils se mirent tous au travail. Maman et papa coupèrent de grosses pommes rouges et les frères mélangèrent la farine et le beurre.

– Qu'est-ce qu'on s'amuse ! dit Jimmy, en mélangeant les ingrédients de la pâte dans un grand bol.

– Et quand elle sera prête, elle sera délicieuse, dit maman en mettant la tarte au four.

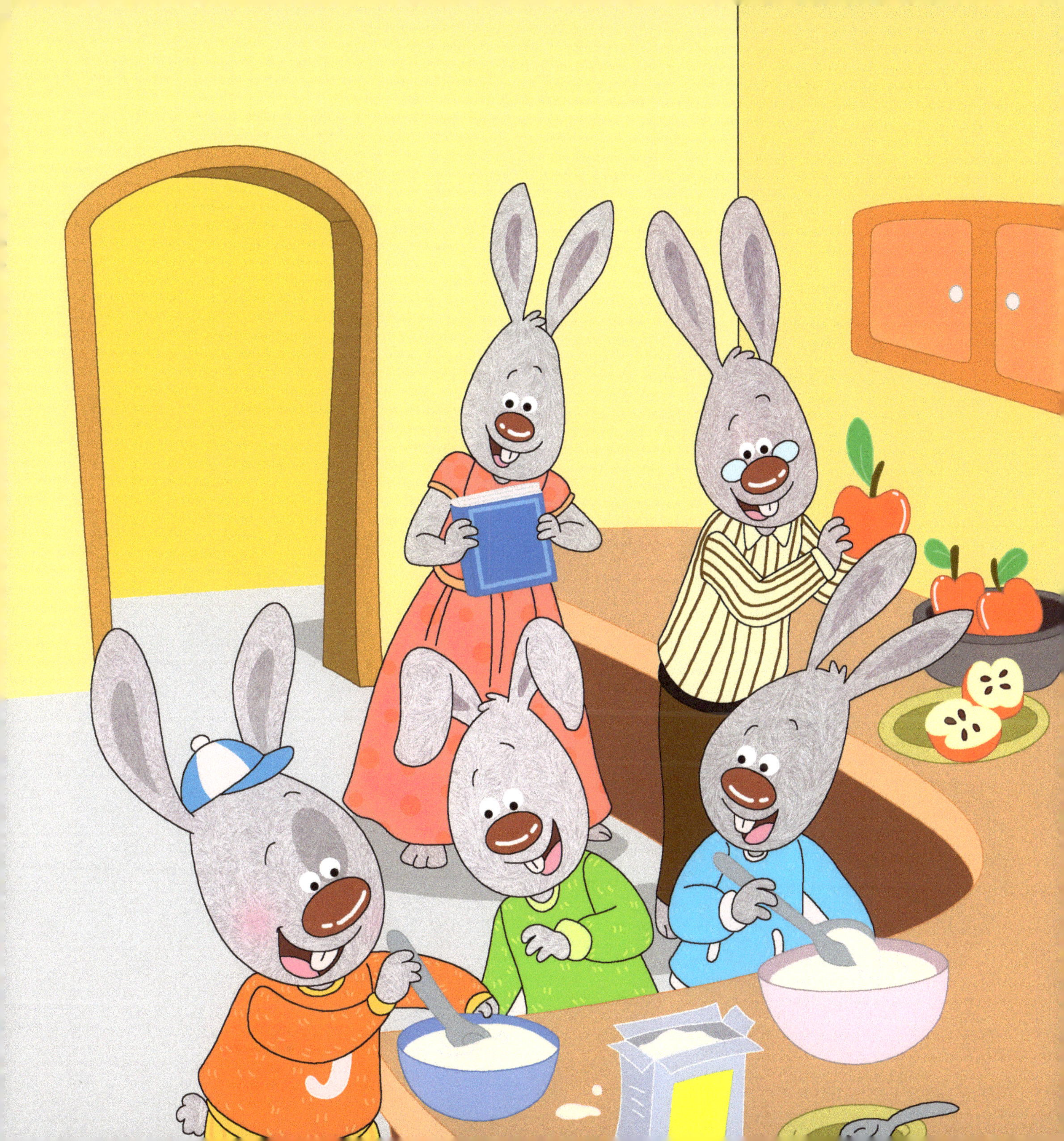

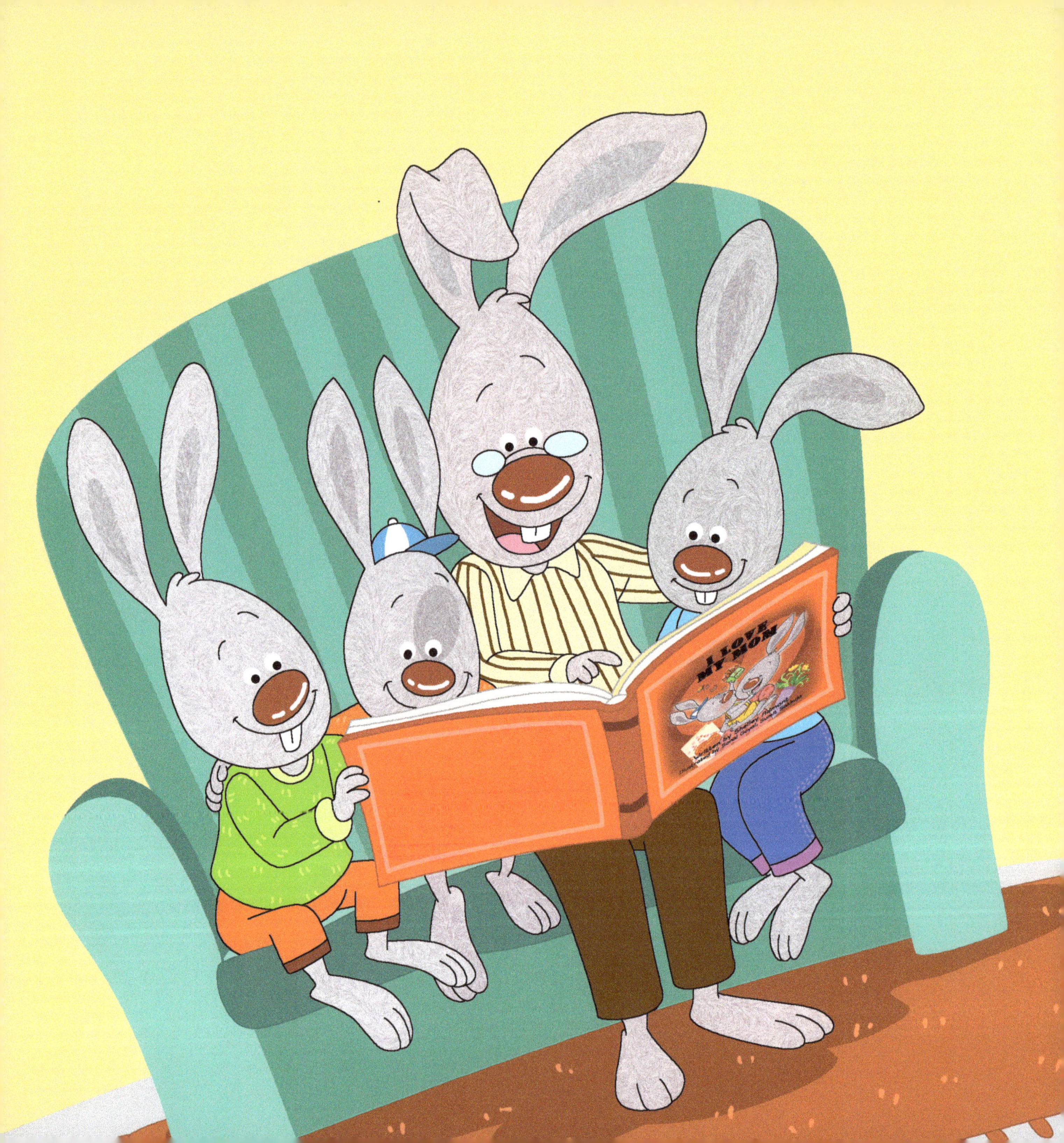
I LOVE MY MOM
Written by Shelley Admont

– Pendant qu'elle cuit, je pourrais vous lire un livre, dit papa.

Il s'installa sur le canapé avec ses fils et un grand livre coloré.

– Et après ça, on pourra faire un puzzle, ajouta le frère cadet.

Le soir venu, les trois frères se mirent au lit et maman vint les embrasser pour leur souhaiter bonne nuit.

– C'était une journée géniale, dit Jimmy tandis que sa maman le bordait. J'adore l'automne.

Il bâilla, ferma les yeux et s'endormit vite, pour se réveiller bientôt dans un nouveau jour orange.

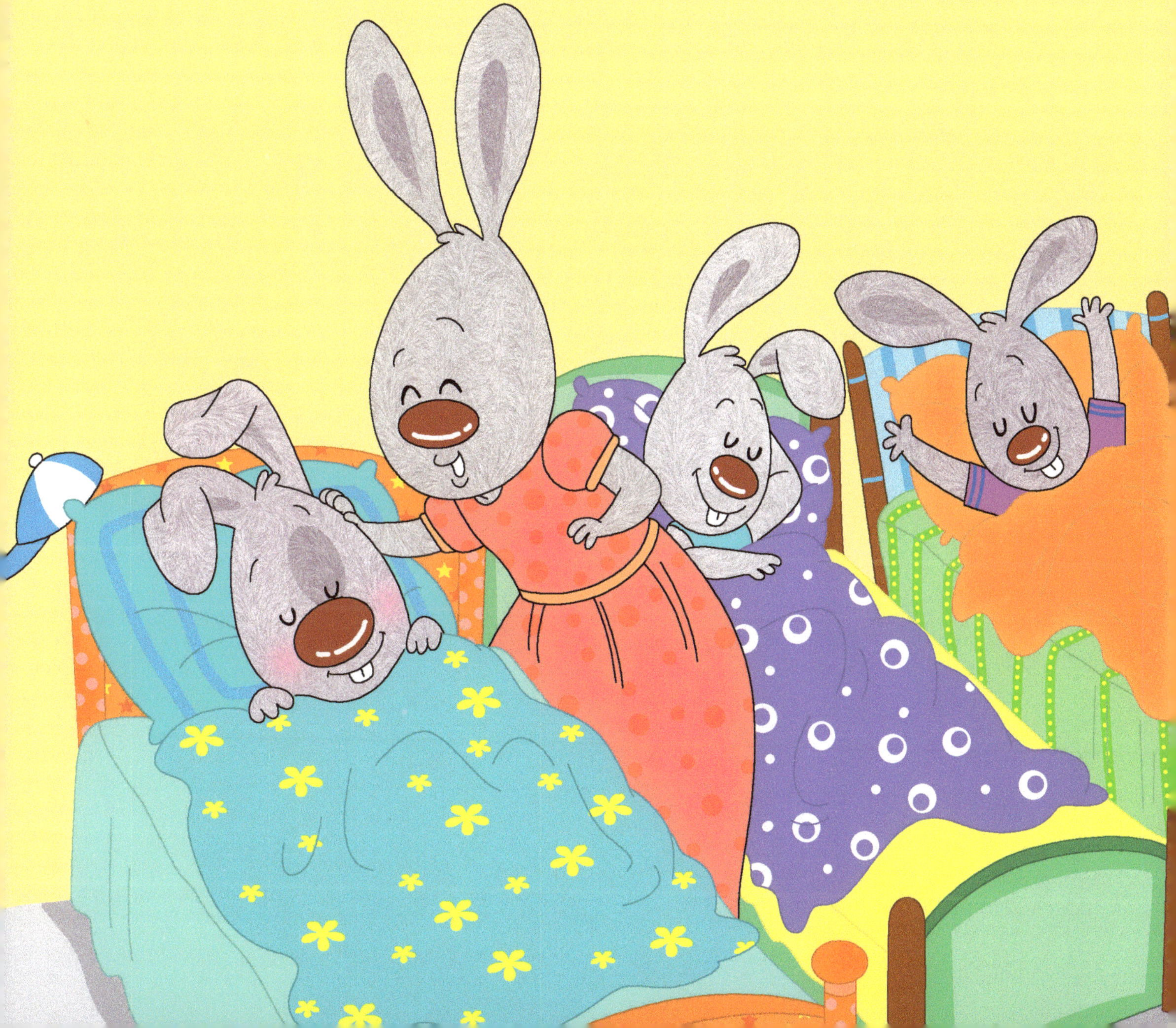